PRECEITOS DA
Serenidade

VIVER UM DIA DE CADA VEZ

Pe. Cleiton Silva

PRECEITOS DA
Serenidade

VIVER UM DIA DE CADA VEZ

Paulinas

Dados Internacionais de Catalogação na Publicação (CIP)
Angélica Ilacqua CRB-8/7057

Silva, Cleiton
    Preceitos da serenidade : viver um dia de cada vez / Pe. Cleiton Silva. — São Paulo : Paulinas, 2024.
    40 p. (Coleção paz interior)

ISBN 978-65-5808-285-9

1. Vida cristã – Quietude 2. Paz 3. Meditações 1. Título II. Série.

24-2115   CDD 248.4

Índice para catálogo sistemático:

1. Vida cristã – Quietude

1ª edição – 2024

Direção-geral: *Ágda França*
Editora responsável: *Marina Mendonça*
Copidesque: *Simone Rezende*
Coordenação de revisão: *Marina Mendonça*
Revisão: *Ana Cecilia Mari*
Gerente de produção: *Felício Calegaro Neto*
Produção gráfica: *Elaine Alves*

Nenhuma parte desta obra poderá ser reproduzida ou transmitida por qualquer forma e/ou quaisquer meios (eletrônico ou mecânico, incluindo fotocópia e gravação) ou arquivada em qualquer sistema ou banco de dados sem permissão escrita da Editora. Direitos reservados.

Cadastre-se e receba nossas informações
paulinas.com.br
Telemarketing e SAC: 0800-7010081

Paulinas
Rua Dona Inácia Uchoa, 62
04110-020 – São Paulo – SP (Brasil)
📞 (11) 2125-3500
✉ editora@paulinas.com.br
© Pia Sociedade Filhas de São Paulo – São Paulo, 2024

Indo por todo o mundo,
proclamai o Evangelho a toda criatura!

(Marcos 16,15)

Sumário

Um caminho para a serenidade 9
Os preceitos da serenidade de São João XXIII................... 11
Viva o hoje 13
Respeite o outro 15
Seja agradecido 17
Saiba adaptar-se 19
Alimente o espírito 21
Faça o bem 23
Não se imponha 25
Faça planejamento 27
Seja vigilante 29
Confie na Divina Providência 31
Não tenha medo... 33

Um caminho para a serenidade

Compartilho com você, querida leitora, querido leitor, este pequeno livro, que pretende oferecer meditações sobre os *Preceitos da serenidade* – um decálogo escrito pelo Papa João XXIII, extraordinariamente atual e que pode alegrar a nossa vida pessoal e a nossa renovação espiritual.

Recentemente, na minha rede social @padrecleitonsilva, fiz a experiência de meditar esses preceitos diariamente com os amigos e amigas que me seguem nessa rede social e fiquei impressionado como, imediatamente, as pessoas não apenas aderiram e acompanharam, como compartilharam com seus seguidores e me enviaram mensagens de agradecimento e partilha sobre como os preceitos ajudaram a dar um pouco mais de direção nesse período tão turbulento em que estamos vivendo.

Com todo esse *feedback,* resolvi compilar as meditações e compartilhar, para que possamos espalhar ainda mais boas ideias que nascem do Evangelho para as pessoas com quem convivemos.

Espero que, ao ler estas páginas, você encontre o caminho para uma vida mais serena. É o que eu, ansioso como sou, procuro buscar cada dia da minha vida: um pouco de serenidade.

Além disso, espero que você saiba compartilhar as suas meditações e pensamentos com outras pessoas que certamente precisam. Estamos todos conectados não apenas nas redes sociais, mas na vida. Por isso, quanto mais coisas boas espalharmos, mais as encontraremos perto de nós e daqueles que amamos.

Os preceitos da serenidade de São João XXIII

1. Tratarei de viver exclusivamente este meu dia, sem querer resolver os problemas da minha vida todos de uma vez.
2. Terei o máximo cuidado com o meu modo de tratar os outros: ser delicado nas minhas maneiras; não criticar ninguém; não pretender melhorar ou disciplinar ninguém, senão a mim mesmo.
3. Sentir-me-ei feliz com a certeza de ter sido criado para ser feliz, não só na vida eterna, mas também neste mundo.
4. Adaptar-me-ei às circunstâncias, sem pretender que as circunstâncias se adaptem todas aos meus desejos.
5. Dedicarei dez minutos do meu tempo a uma boa leitura, lembrando-me de que assim como é preciso comer para sustentar o meu corpo, também a leitura é necessária para alimentar a vida da minha alma.

6. Praticarei uma boa ação sem contá-la a ninguém. Farei uma coisa que não gosto e, se for ofendido nos meus sentimentos, procurarei que ninguém o saiba.
7. Farei um programa bem completo do meu dia. Talvez não o execute perfeitamente, mas, em todo caso, vou fazê-lo.
8. Guardarei bem duas calamidades: a pressa e a indecisão.
9. Ficarei bem firme na fé de que a Divina Providência se ocupa de mim, mesmo se existisse somente eu no mundo e ainda que as circunstâncias manifestem o contrário.
10. Não terei medo de nada em particular; não terei medo de desfrutar do que é belo e não terei medo de crer na bondade.

Viva o hoje

Tratarei de viver exclusivamente este meu dia, sem querer resolver os problemas da minha vida todos de uma vez.

"Serenus", do latim, indica o céu aberto, limpo e sem nuvem. É um espetáculo poder observar o céu nesse estado. Por causa disso também indica o estado tranquilo da alma ou dos sentimentos da pessoa.

Creio que poucas pessoas, e talvez este seja um grande aprendizado da vida, consigam se concentrar no aqui e agora. Não como um irresponsável, que não se dá conta de que tudo tenha consequência, mas como alguém que descobre o valor, a intensidade e a irrepetibilidade deste momento único que é o agora. Fugir do tempo em que estamos pode ser uma tentação e fonte de perturbações e angústias, como um céu com densas nuvens.

Esse preceito de São João XXIII merece ser levado a sério. Aliás, nós merecemos levá-lo a sério: viva o hoje! Ou como Jesus nos diria: "A cada dia bastam suas dificuldades" (cf. Mt 6,25-34). As preocupações, os remorsos e o vaivém entre passado e futuro nunca garantiram a solução dos problemas. A solução dos problemas depende da justiça que o Senhor dá aos humildes que a buscam incessantemente. Mas não pode haver sabedoria se houver angústia.

Viva o hoje! Esse é o primeiro passo para alcançar a serenidade.

Respeite o outro

*Terei o máximo cuidado
com o meu modo de tratar os outros:
ser delicado nas minhas maneiras;
não criticar ninguém;
não pretender melhorar ou
disciplinar ninguém,
senão a mim mesmo.*

Havia um quadro em um programa humorístico de TV em que o personagem tratava as pessoas com "tolerância zero", especialmente quando lhe faziam perguntas ou comentários bobos, óbvios.

O quadro era divertido e certamente para aquele contexto tinha o seu valor. Mas há um perigo em usarmos esse estilo de interação com as pessoas. E será ainda mais doloroso se o usarem conosco.

A delicadeza no modo de tratar as pessoas não tem nada a ver com exibicionismos e afetação nos modos. Apenas exige o cuidado com o ritmo do outro, a atenção às enormes diferenças que existem entre as pessoas, porque cada uma tem sua história e repertório de vida e, principalmente, porque ninguém é juiz para decidir se o outro vale mais ou menos. Toda indelicadeza demonstra julgamento e atribuição de valor, e o que se percebe é a tendência de haver arrogância com alguns e subserviência com outros.

Neste preceito, São João XXIII aborda todas as dimensões do respeito: as atitudes gentis, a discrição em não avaliar e criticar o outro, a humildade de saber que não somos a medida para os outros a não ser para nós mesmos. Quantas turbulências são desencadeadas porque nos esquecemos disso!

Respeite o outro. Esse é o segundo passo para a serenidade.

Seja agradecido

Sentir-me-ei feliz com a certeza de ter sido criado para ser feliz, não só na vida eterna, mas também neste mundo.

A perda do foco, a falta de resiliência e a pouca seletividade sobre o que ou por quem nos deixamos influenciar terminam por nos deixar sem propósito. E, se não conseguimos identificar um objetivo em nossa vida, como conseguiremos ver a grandiosidade da criação de Deus, assim como a glória e o esplendor com quem coroou o ser humano naqueles momentos em que mais nos sentimos perdidos?

Por isso, o preceito nos encaminha não a pensar ou calcular, mas a sentir e agradecer. Aqui devemos mover-nos no nível da intuição mais profunda: eu existo, minha existência por si só é importante. *Alguém* me tirou do nada, me chamou à vida e por isso sou grato!

Para alcançar esse nível de gratidão, devemos aprender com o salmista a nos encantar com a própria existência ao dizer: "O que é o ser mortal para que te lembres dele?" (Sl 8,5).

Deus nos criou para sermos felizes não somente depois (*na vida eterna*), mas hoje (*neste mundo*). Saibamos sentir, confiar e experimentar a felicidade à que Deus nos chama. Saibamos agradecer-lhe o dom da nossa existência.

Seja agradecido! Eis mais um passo para a serenidade.

Saiba adaptar-se

Adaptar-me-ei às circunstâncias,
sem pretender que as circunstâncias
se adaptem todas aos meus desejos.

Os passos para a serenidade geralmente parecem óbvios aos nossos olhos, mas alguns parecem difíceis. Adaptar-nos às circunstâncias ao invés de esperar que elas se adaptem aos nossos desejos parece um contrassenso, alguns diriam até um disparate...

Geralmente, imaginamos que superar um obstáculo significa fazê-lo sumir, aniquilá-lo ou pelo menos que ele saia de nosso caminho. Na maioria das vezes, isso é impossível e gastamos uma energia enorme lutando contra coisas que estão acima das nossas condições.

São João XXIII era conhecedor da importância da paciência. A origem grega dessa palavra, "hipomoné", indica a capacidade de ficar por baixo, suportar. O impaciente não consegue ser contrariado, não consegue suportar as adversidades e termina arrasado quando as situações se mostram maiores que ele. O paciente "sabe" que as circunstâncias se modificam, as turbulências passam e as alternativas aparecem, então, ele economiza suas forças para o novo.

O cântico do *Magnificat* (Lc 1,47-56), em que a Virgem Maria proclama a grandeza do Senhor e sua humildade como serva diante dele, é o canto daqueles que exercitam a paciência, que usam sua fortaleza para permanecer fiéis a Deus e deixam a ele a tarefa de dispersar os planos dos soberbos, derrubar do trono os poderosos e despedir vazios os ricos. Aos pequenos cabe apenas esperar a misericórdia divina, a força transformadora da história.

Adapte-se, saiba adaptar-se! Mais um passo na peregrinação da serenidade.

Alimente o espírito

*Dedicarei dez minutos do meu tempo
a uma boa leitura, lembrando-me de que
assim como é preciso comer
para sustentar o meu corpo,
também a leitura é necessária
para alimentar a vida da minha alma.*

O estudo não é uma necessidade meramente escolar. Na verdade, ele deveria entusiasmar-nos para buscar constantemente o crescimento intelectual. A inteligência, ou seja, o entendimento, o conhecimento, é a capacidade de "ler dentro de si" ou, se preferir, a capacidade de ler a realidade "exterior" na profundidade da sua "interioridade", do seu espírito.

Aquele que busca o saber não se contenta com resumos de livros ou em repetir citações de grandes pensadores, mas dedica-se ao estudo e procura abrir seu entendimento para a realidade, interpretá-la e prever na distância do espaço e do tempo como os próximos fatos podem se desenrolar.

Segundo o Papa João XXIII, o tempo de estudo não é dedicado a qualquer leitura, mas à "boa leitura". Infelizmente, muitas vezes os livros são consumidos como outra mercadoria qualquer, sem que se conheça sua procedência, a autoria ou as condições em que foi produzido.

Convém saber qual o propósito da leitura que se está fazendo, a experiência e a formação do autor escolhido, as afinidades e diferenças entre você e o autor que podem ajudar a enxergar melhor a realidade. A qualidade do que se lê interfere no modo como se vive. Ler pode fazer bem, mas a boa leitura faz um bem ainda maior. Não deixe seu intelecto à míngua, saiba nutri-lo com excelentes ideias.

Alimente o espírito. Eis o quinto passo da serenidade. Avancemos em nosso itinerário.

Faça o bem

*Praticarei uma boa ação
sem contar a ninguém.*

Vivemos na época do espetáculo, da exposição, da lacração. Parece que as pessoas e os acontecimentos só existem se estiverem nas redes sociais e forem "curtidos". Lamentavelmente, isso cria uma dependência doentia em relação à opinião, à avaliação e ao julgamento do outro.

Quando se trata da caridade, acaba sendo ainda mais grave fazer o bem esperando das pessoas que concordem, incentivem ou elogiem.

Jesus já havia alertado seus discípulos para não "praticar a justiça, dar esmola, orar ou jejuar diante dos homens somente para chamar sua atenção, ser elogiados, exibir-se, pois o Pai vê no escondido, sabe do que necessitam antes de lhe pedirem e os recompensará" (cf. Mt 6,1-15).

No preceito de hoje somos chamados a sair do sequestro da opinião alheia. Sim, a opinião dos outros pode fazer-nos reféns. Pode parecer difícil, mas é um caminho extremamente libertador não esperar ou contar quantas "curtidas" uma boa ação ganhará.

Faça o bem! E não procure a aprovação das pessoas.

Não se imponha

*Farei uma coisa que não gosto e,
se for ofendido nos meus sentimentos,
procurarei que ninguém o saiba.*

Este preceito, desmembrado do anterior, merece um itinerário de reflexão individualizado.

À medida que temos experiência em processos educativos, aprendemos a desconfiar de pessoas muito motivadas, que "fazem o que amam". Pode haver, sim, um amor profundo pelo que se faz e, independentemente de como somos tratados ou dos resultados, do impacto no mundo, ainda manter a máxima dedicação. Sempre há espaço para amar o que se faz, de maneira gratuita e verdadeira.

Mas, muita gente confunde amar com "sentir-se satisfeito" com o que faz, o que pode ser uma perigosa armadilha. Um termômetro para perceber isso é dedicar-se às tarefas mesmo quando insatisfeito ou contrariado. Passa-se do domínio do "fazer o que se gosta" para o reino da liberdade de "fazer o que se deve", o que precisa ser feito ou simplesmente aquilo que se pode fazer como oferta gratuita ao mundo.

Além disso, quando em nós cresce o senso do dever e vencemos o impulso por simplesmente nos sentirmos satisfeitos, nosso ego se torna mais robusto. "Ego", em termos psicológicos, é o que representa o núcleo da personalidade de uma pessoa, a instância que exerce função de controle sobre o seu comportamento.

Conviver com as contrariedades e não depender exclusivamente do contentamento e de elogios como compensação é sementeira de egos fortalecidos. Depender da confirmação da opinião alheia pode levar a um cativeiro. Isso não significa renunciar a um confidente, confessor ou profissional que ajude a colocar as ideias no lugar. Mas desabafar com qualquer um e a qualquer hora em nada ajuda no desenvolvimento de um ego mais robusto.

Não se imponha! E acrescento: não se exponha!

Faça planejamento

*Farei um programa bem completo do meu dia.
Talvez não o execute perfeitamente,
mas, em todo caso, vou fazê-lo.*

É impressionante como paz e serenidade se relacionam também com nossa capacidade de organização. O planejamento não impede que apareçam imprevistos, mas evita que fiquemos perdidos, caso aconteçam. Saber o que precisa ser feito, as tarefas a cumprir e a ordem de prioridades a seguir facilita muito o cotidiano e ameniza conflitos.

Confesso que minha organização às vezes me deixa engessado e fico ansioso, angustiado, quando, em período de férias, por exemplo, não planejo o que tenho para fazer. Mas também observo pessoas com muita capacidade e energia criativa sem conseguir alcançar seus objetivos por não se organizarem e seguirem um direcionamento.

O que acho mais interessante neste preceito é que não precisamos preocupar-nos com a perfeição na execução do planejamento, mas seguir ao que nos propomos, da melhor forma possível, até o fim.

Seja vigilante

*Guardarei bem duas calamidades:
a pressa e a indecisão.*

O itinerário da serenidade tem uma abordagem bastante pedagógica. Se num momento compreendemos a necessidade de um planejamento, agora somos chamados a perceber que a pressa não tem sentido, mas que deixar de tomar as decisões necessárias também não. Este preceito nos leva a refletir sobre a vigilância cristã, ou seja, a capacidade de reconhecer os sinais dos tempos e as oportunidades de alcançar os objetivos.

Descuidar do que precisa ser feito ou fazer correndo demonstra negligência e ansiedade em relação ao tempo, que tem seu próprio ritmo. Para o negligente até a eternidade seria insuficiente e para o ansioso o tempo voa ou simplesmente não passa, o que causa um enorme sofrimento.

Ainda há o problema da indecisão. A origem da palavra "decisão" vem do latim "cortar, separar; decidir; resolver". Quem decide sabe fazer cortes por entender que não tem condições, não é possível abraçar tudo nem percorrer dois caminhos diferentes simultaneamente.

São João XXIII nos indica que a paz e a serenidade dependem de uma relação sadia com o tempo e com nossas escolhas. Por isso, é importante seguir o ritmo do tempo e decidir por aquilo que nos cabe a cada momento.

Seja vigilante! Eis mais um passo em nosso itinerário da serenidade.

Confie na Divina Providência

*Ficarei bem firme na fé de que
a Divina Providência se ocupa de mim,
mesmo se existisse somente eu no mundo
e ainda que as circunstâncias
manifestem o contrário.*

Quem sou eu para que Deus pense em mim? Talvez você se pergunte isso tanto quanto o salmista (cf. Sl 8). Mas a fé nos lembra de que somos aqueles por quem Deus entregou seu Filho para nos salvar. "Quem não poupou seu próprio Filho, mas o entregou por todos nós, como não haverá de, com ele, nos agraciar em todas as coisas?" (Rm 8,32).

Confiar na Divina Providência não é ilusão, não é devaneio, escapismo diante de uma dificuldade ou descuido de nossa vida. A reflexão sobre estes preceitos tem nos mostrado muito bem o tamanho da nossa responsabilidade em vários aspectos. Confiar na Divina Providência é saber que nossa vida não se reduz ao que vemos, planejamos ou pensamos. Há muito mais e "tudo coopera para o bem daqueles que amam a Deus, daqueles que são chamados segundo o desígnio dele" (Rm 8,28).

Que saibamos viver confiando ainda mais na Divina Providência: Deus se ocupa de nós! Nós somos seu projeto!

Não tenha medo

*Não terei medo de nada em particular;
não terei medo de desfrutar do que é belo
e não terei medo de crer na bondade.*

O medo é uma das nossas emoções mais fundamentais. Ele nos lembra de nossa vulnerabilidade, de que agora estamos, mas em breve podemos não estar; de que vivemos, mas podemos não mais viver. Enquanto emoção, o medo não é bom nem mau. Ele faz parte de nossa natureza e surge pela consciência do perigo.

Entretanto, o medo pode levar à indecisão, que, como já vimos, pode ser muito prejudicial à nossa paz, e a uma distorção da realidade que faz com que os problemas adquiram uma dimensão muito maior e nos bloqueiem. É normal ter medo, mas não podemos deixar que ele se torne uma armadilha e nos impeça de seguir adiante.

Na Sagrada Escritura há mais de 365 vezes a expressão "não tenhais medo". Ou seja, Deus não se cansa de nos recordar que está do nosso lado a cada passo dado, a cada escolha seguindo seu caminho.

Não caia na tentação do medo. Viva. Escolha. Decida. Pague o preço necessário para que sua vida corresponda ao que Deus inspira em você.

*Desejo-lhes serenidade,
no coração,
nas relações familiares,
no trabalho.
Serenidade!*

(Papa Francisco)

Pe. Cleiton Silva

Sou padre da Diocese de Mogi das Cruzes, na Paróquia São Pedro Apóstolo, em César de Souza. Além da formação em Filosofia e Teologia, também fiz mestrado em Bioética pelo Centro Universitário São Camilo (São Paulo) e doutorado em Teologia Moral pela Academia Afonsiana (Roma). Também tenho pós-graduação em Marketing e Mídias Digitais pela Fundação Getúlio Vargas (FGV). Sou professor na Faculdade Paulo VI, onde leciono as disciplinas relacionadas à ética, bioética e teologia moral.

Sou autor de *Coração inquieto: zaps a Lucílio, Tibúrcio e Eugênia* (2018); *Confessar: o quê? Por quê? Como?* (2019); *Os laços entre nós: dicas para superar as crises no matrimônio* (2021); *Dízimo: uma nova experiência* (2021); *e Enfrentar as inimizades, conservar a paz* (2022), publicados por Paulinas Editora.

Participe de um dos meus cursos. Espero que você me mande um salve, contando como foi a leitura desses preceitos e sua meditação. Que nosso trabalho de evangelização pelas redes sociais cresça cada vez mais.

Conto com você!

Conte comigo!

padrecleitonsilva.com.br
@padrecleitonsilva

Paulinas

Rua Dona Inácia Uchoa, 62
04110-020 – São Paulo – SP (Brasil)
Tel.: (11) 2125-3500
paulinas.com.br – editora@paulinas.com.br
Telemarketing e SAC: 0800-7010081